JOHANN SEBASTIAN

KONZERT

d-Moll / D minor

für 2 Violinen, Streicher und Basso continuo
for 2 Violins, Strings and Basso continuo

BWV 1043

Ausgabe für 2 Violinen und Klavier von / Edition for 2 violins and piano by
David Oistrach

Klavierauszug von / Piano reduction by
Wilhelm Weismann

C. F. PETERS

FRANKFURT/M. · LEIPZIG · LONDON · NEW YORK

Vorwort

Die Hauptquelle für Johann Sebastian Bachs Konzert für zwei Solo-Violinen, Streichorchester und Continuo bildete ein Stimmensatz, von dem die beiden Prinzipalstimmen von Bachs eigener Hand geschrieben waren. Er lag schon der Ausgabe von S. W. Dehn aus dem Jahre 1851 zugrunde, ist aber nach 1945 verschollen, da er zu den ausgelagerten Beständen der Deutschen Staatsbibliothek, Berlin, gehörte. Unsere Ausgabe ist daher auf die zuverlässige Lesart Dehns (EP 231a) angewiesen. Sie zog aber noch eine zweite Quelle heran: die sogenannte Heringsche Stimmenabschrift von 1760, herrührend von dem vermutlich von Carl Philipp Emanuel Bach beauftragten Kopisten Hering. Wiewohl der erstgenannten Quelle nachstehend, gab sie doch zu einigen Verbesserungen Anlaß, worunter vor allem die viermal wiederkehrende Tasto-solo-Stelle des langsamen Satzes (T. 16, 21, 34, 46) genannt sei. Denn Herings Continuostimme enthält eine durchgehende Bezifferung, die – im einzelnen anfechtbar und kaum von Bach herrührend – doch der Zeitpraxis entspricht und sie verdeutlicht. Durch Hering wird auch die Lesart der Continuostimme in Takt 86 des ersten Satzes (Quintparallelen zwischen zweiter Violine und Baß, Querstand) bestätigt. Im dritten Satz heißt Takt 74 nach Dehn:

was wahrscheinlich auf einem Schreibfehler des Originals beruht. Hering verbesserte in:

Richtiger scheint mir hier aber analog Takt 78 und 113:

Der langsame Satz weist Takt 10-13 in der zweiten Tutti-Violine und in der Viola nachträgliche Veränderungen auf (die originale Lesart ist ausradiert), die vielleicht auf Philipp Emanuel Bach zurückgehen. Unsere Ausgabe behält jedoch die bisherige Lesart bei. Die sonstigen, meist auf einem Schreibversehen und uneinheitlicher Bogensetzung beruhenden Abweichungen Herings von der ersten Quelle erübrigen ein näheres Eingehen.

Die dem Klavierpart überlegten beiden Violinstimmen geben die Originalnotierung ohne Zusätze wieder. Die Solostimmen enthalten die Zusätze von David Oistrach; zum Unterschied von den originalen Bogen sind die hinzugesetzten als Strichelbogen gekennzeichnet. „Ich war bemüht, die Phrasierung, die im Original oft flüchtig geschrieben und an analogen Stellen sehr verschieden ist, sinngemäß zu vereinheitlichen und hierbei nach Möglichkeit den musikalischen Ausdruck, eine gute Spielbarkeit sowie die besten Traditionen der Interpretation dieses Konzertes zu berücksichtigen." (D. Oistrach)
Für die Überlassung einer Fotokopie der Heringschen Stimmenabschrift sei dem Bach-Archiv Leipzig an dieser Stelle gedankt.

Wilhelm Weismann

Preface

The main source of Johann Sebastian Bach's Concerto for Two Violins, Strings and Continuo is a set of instrumental parts in which the two solo parts are written in Bach's own hand. This formed the basis of S. W. Dehn's 1851 edition, but it was lost after 1945, being one of the items removed from the Deutsche Staatsbibliothek in Berlin. Our present edition, therefore, is based on Dehn's reliable version (EP 231a). However, a second source has also been used, the so-called Heringsche Stimmenabschrift (Hering manuscript parts) of 1760, which is assumed to have been produced by Carl Philipp Emanuel Bach's copyist, Hering. Although it is inferior to the first named source, it has nevertheless suggested some improvements including in particular the solo keyboard passage of the slow move-ment which recurs four times (bars 16, 21, 34, 46). For Hering's continuo part has a figured bass throughout and, although details of it are contestable and hardly by Bach, it is in keeping with the practice of the time and illuminates that practice. Hering confirms the interpretation of the continuo part in bar 86 of the first move-ment (parallel fifths between second violin and bass, a false relation). In the third movement, bar 74 according to Dehn reads:

which probably comes from a mistake in the original. It is corrected by Hering as:

But analogous to bars 78 and 113, the following seems to me to be more correct:

The slow movement, bars 10-13, contains later alterations in the second tutti violin and viola (the original version is erased), which were perhaps made by Carl Philipp Emanuel Bach. Our present edition, however, adheres to the previous reading. Hering's remaining deviations from the first source, mainly copying errors and inconsistent bowings, do not merit further investigation.
The two violin lines appearing above the piano part reproduce the original notation without any additions. The separate solo parts contain additions by David Oistrakh: in order to distinguish them from the original bowings, those which have been added are indicated by broken lines. "My intention was to give logical consistency to the phrasing, which in the original was often written rather hurriedly and where analogous passages are not phrased consistently. In so doing I wanted as far as possible to take account of musical expression, facility of performance, and the best traditions for interpreting this concerto." (D. Oistrakh)
We are grateful to the Bach-Archiv in Leipzig for providing a photocopy of the Hering manuscript parts.

Wilhelm Weismann

Aufführungsmaterial käuflich / Orchestral material available
Partitur/Full Score EP 9382, herausgegeben von/edited by Hans-Joachim Schulze

Concerto

J. S. Bach (1685-1750) BWV 1043

Herausgegeben von David Oistrach
Klavierauszug von Wilhelm Weismann

Bässe

Largo, ma non tanto

Concerto

J. S. Bach (1685-1750) BWV 1043

Herausgegeben von David Oistrach

Violino I

Violino I

Largo, ma non tanto

Violino I

Violino I

12222

Violino I

Concerto

J. S. Bach (1685-1750) BWV 1043

Herausgegeben von David Oistrach

Violino II

12222

Violino II

Largo, ma non tanto

12222

MUSIK FÜR VIOLINE / MUSIC FOR VIOLIN

Violine solo

J.S. BACH 6 Sonaten und Partiten BWV 1001-1006 (Rostal) EP 9852
GENZMER Sonate (1983/84, rev. 1991) . . . . EP 8683
HALVORSEN Slåtter, Norwegische Bauerntänze . . . . EP 3083
NIELSEN Präludium und Thema mit Variationen op. 48 . . EP 3817
PAGANINI 24 Capricen op. 1 (Hertel) . . . . EP 9979
REGER 6 Präludien und Fugen op. 131a . . . . EP 3968
– Präludium e-Moll op. posth. . . . . EP 3968d
RODE 24 Capricen (Davisson) . . . . EP 281a
R. STRAUSS Orchesterstudien (Prill) . . . . EP 4189a/b
TELEMANN 12 Fantasien f. Violine ohne Baß (TWV 40: 14-25)
(Fechner/Thiemann) . . . . EP 9365
VIEUXTEMPS 6 Konzertetüden op. 16 (Arbós) . . . . EP 2564
– 6 Morceaux op. 55 (Drüner) . . . . EP 8356
M. WEISS Sonate für Violine solo (1985) . . . . EP 10478
WIENIAWSKI Etudes caprices op. 18 . . . . EP 3395
– L'École moderne op. 10 . . . . EP 3368

2 bis 3 Violinen

BOCCHERINI Duos: G, E, f (GV 63-65) (Sitt) . . . . EP 3338
GENZMER Studieren und Musizieren für 2 Violinen (E. Keller)
– Teil 1-2: 26 Duos . . . . EP 8432a
– Teil 3: Sonatine . . . . EP 8432b
– Teil 4: 12 Duos . . . . EP 8432c
HAYDN 3 Duos op. 99 (nach Hob. III: 40; III: 20; III: 23) . . EP 3303
LECLAIR Sonaten A, F, D (op. 3 Nr. 2, 4, 6) für 2 Vl. . . . . H 15
PACHELBEL Kanon und Gigue für 3 Violinen und B.c.(Gurgel) EP 9846
REGER 3 Duos op. 131b
– Nr. 1 e-Moll . . . . EP 3969d
– Nr. 2 d-Moll . . . . EP 3969e
– Nr. 3 A-Dur . . . . EP 3969f
SPOHR 3 Duette op. 3 . . . . EP 1086a
– 2 Duette op. 9 . . . . EP 1086b
– 3 Duette op. 39 . . . . EP 1086c
– 3 Duette op. 67 . . . . EP 1086d
TELEMANN 6 Kanonische Sonaten für 2 Violinen
TWV 40: 118-123 (C. Herrmann) . . . . EP 4394
VIOTTI Duos op. 29 (C. Herrmann) . . . . EP 1087a

Violine und Klavier / Cembalo

C.Ph.E. BACH Sonate g-Moll für Fl. (Vl.) und Cemb./Klavier,
(früher J.S. Bach zugeschrieben, BWV 1020) (Gurgel/Jacobi) . EP 9856
J.S. BACH Sonaten h, A, E (BWV 1014-1016) . . . . EP 4591a
– Sonaten c, f, G (BWV 1017-1019) (Stiehler/Schleifer) . . . EP 4591b
– Sonaten G, e, c (BWV 1021, 1023, 1024) für Violine
und Basso continuo (H. Keller) . . . . EP 4591c
BEETHOVEN Sonaten (J. Joachim)
– Bd. I op. 12/1-3; 23; 24 (Frühlingssonate) . . . . EP 3031a
– Bd. II op. 30/1-3; 47 (Kreutzersonate); 96 . . . . EP 3031b
– Sonate F-Dur op. 17 (orig. für Horn) (Fr. Hermann) . . . . . . EP 149
BOCCHERINI Sonate B-Dur op. 5/3 (GV 27) (Vorholz) . . . EP 8079
BRAHMS Sonaten op. 78, 100, 108 (Flesch/Schnabel) . . . . EP 3900
BUSONI Bagatellen op. 28 . . . . EP 2449
CORELLI Sonaten D, F, e (op. 5 Nr. 1, 4, 8) (Klengel) . . . . EP 3836a
– Sonaten C, g, A (op. 5 Nr. 3, 5, 9) (Klengel) . . . . EP 3836b

CRUMB 4 Nocturnes für Violine und Klavier (1964) . . . . . EP 66465
DEBUSSY Sonate (Garay) . . . . EP 9121
DVOŘÁK Sonatine G-Dur op. 100 (Vorholz) . . . . EP 8162
– Romantische Stücke op. 75 (Gurgel/Thiemann) . . . . EP 9824
FAURÉ Sonate Nr. 1 A-Dur op. 13 (Howat) . . . . EP 7487
– Sonate Nr. 2 e-Moll op. 108 (van Amerongen) . . . . EP 9891a
– Après un rêve (Howat) . . . . EP 7481
FRANCK Sonate A-Dur (Jacobson) . . . . EP 3742
GRIEG Sonate Nr. 1 F-Dur op. 8 . . . . EP 1340
– Sonate Nr. 2 G-Dur op. 13 . . . . EP 2279
– Sonate Nr. 3 c-Moll op. 45 . . . . EP 2414
HÄNDEL Sonaten für Violine und B.c. (Davisson/Ramin)
– – Bd. I Sonaten A, a, F (HWV 361, 368, 370) . . . . EP 4157a
– – Bd. II Sonaten D, A, E (HWV 371, 372, 373) . . . . EP 4157b
– Sonaten für Violine und B.c. (Burrows)
– – Bd. I Sonaten HWV 359a, 361, 364a, 367a, 372, 373 . . . EP 7315
– – Bd. II Sonaten und Stücke HWV 288, 358, 368,
370, 371, 406, 407, 408, 412 . . . . EP 7316
HAYDN Sonaten F, es, G, B, G (Hob. XV: 17, 31, 32, 38;
Hob. XVI, 43bis) (K.H. Köhler) . . . . EP 9017
– Sonate G (nach Hob. III: 81) . . . . EP 190a
JANSCHINOW Concerto im russischen Stil op. 35 . . . . EP 4706
KOMAROWSKI Konzert Nr. 1 e-Moll . . . . EP 4747
– Konzert Nr. 2 A-Dur . . . . EP 4780
MENDELSSOHN BARTHOLDY Sonate f-Moll op. 4 . . . . . EP 1732
– Sonate F-Dur, Erstausgabe (Y. Menuhin) . . . . EP 6075
MOZART Sonaten (Flesch/Schnabel)
– Bd. I KV 296, 301-306, 376, 377 . . . . EP 3315a
– Bd. II KV 378-380, 402, 403, 454, 481, 526, 547, 570 . EP 3315b
NOVAČEK Perpetuum mobile (Davisson) . . . . EP 2786
PFITZNER Sonate e-Moll op. 27 . . . . EP 3620
RAFF Cavatine (mit: Vieuxtemps, Rêverie;
Wieniawski, Legende) . . . . EP 3383
REGER Sonate c-Moll op. 139 . . . . EP 3985
– 6 ausgewählte kleine Stücke (op. 79/1,2,3; op. 87/1;
Romanze G, Petite Caprice) (Thiemann) . . . . EP 9105
SAINT-SAËNS Sonate op. 75 (Thiemann) . . . . EP 9291
– Havanaise op. 83 . . . . EP 9292
SCHÖNBERG Fantasie op. 47 . . . . EP 6060
SCHUBERT Rondo in h op.70, Fantasie in C op.159, Varia-
tionen ("Trock'ne Blumen") op.160, Sonate in A op.162 . . EP 156b
– Sonatinen D-Dur, a-Moll, g-Moll op. 137 (C. Herrmann) EP 156a
SCHUMANN Fantasie op. 131 (Davisson) . . . . EP 2368a
– Sonaten a-Moll op. 105, d-Moll op. 121 . . . . EP 2367
– Fantasiestücke op. 73 . . . . EP 2366b
– Märchenbilder op. 113 . . . . EP 2372
– 3 Romanzen op. 94 . . . . EP 2387
TELEMANN 6 Sonatinen (TWV 41: A2, B2, D2, G3, E1, F1)
mit Vc. ad lib. (Maertens/Bernstein) . . . . EP 9096
VERACINI Sonate e-Moll (Lenzewski) . . . . EP 4345
– 12 Sonaten (1716) mit B.c., 4 Bde. (Kolneder) . . . . EP 4965a-d
VIVALDI Die Jahreszeiten op. 8 Nr. 1-4 (Kolneder)
– Nr. 1 Der Frühling RV 269 . . . . EP 9055a
– Nr. 2 Der Sommer RV 315 . . . . EP 9055b
– Nr. 3 Der Herbst RV 293 . . . . EP 9055c
– Nr. 4 Der Winter RV 297 . . . . EP 9055d

Bitte fordern Sie den Katalog der Edition Peters an
For our free sales catalogue please contact your local music dealer

C. F. PETERS · FRANKFURT/M. · LEIPZIG · LONDON · NEW YORK

www.edition-peters.de · www.edition-peters.com

10/00

VIOLINKONZERTE
VIOLIN CONCERTOS

Ausgaben für Violine und Klavier / Editions for Violin and Piano

(*) zu diesen Ausgaben ist eine CD mit eingespieltem Orchesterpart erhältlich / (*) Music partner CD with recorded orchestral part available

C. F. PETERS · FRANKFURT/M. · LEIPZIG · LONDON · NEW YORK
www.edition-peters.de · www.edition-peters.com